AF313958

P. FROMAGEOT

AVENTURES

DE

JEAN-BAPTISTE DE MONICART

ET COMMENT IL ÉCRIVIT A LA BASTILLE

SON *VERSAILLES IMMORTALISÉ*

Extrait de la *Revue des Études historiques*
(Mars-Avril 1906)

PARIS

ALPHONSE PICARD ET FILS, ÉDITEURS

82, RUE BONAPARTE, 82

Aventures de Jean-Baptiste de Monicart
et comment il écrivit à la Bastille
son **Versailles immortalisé**

———

Tous ceux qui s'intéressent à l'histoire du Château de Versailles
connaissent l'ouvrage publié en 1720 sous ce titre compliqué :

VERSAILLES IMMORTALISÉ

Par les merveilles parlantes

des Bâtiments, Jardins, Bosquets, Parcs, Statues, Groupes, Termes
et Vases de marbres, de pierre et de métaux, Pièces d'eau, Tableaux
et Peintures qui sont dans les Châteaux de Versailles, de Trianon, de
la Ménagerie et de Marly.
En neuf tomes in-quarto.
Composé en vers libres français
Par le sieur Jean-Baptiste de Monicart
Ancien Trésorier de France de Mets

avec cette variante en tête du second volume :

Par M. Jean-Baptiste de Monicart *Premier Président des Trésoriers de France de la Généralité de Mets.*

Sur les neuf tomes ainsi annoncés, deux seulement ont vu le jour,
le premier dédié au Roi, le second au Régent. Ils contiennent, en
une longue série de chapitres séparés, la description copieusement
développée, non seulement de l'aspect du Château de Versailles et
de ses royaux appartements au temps de Louis XIV, mais encore
de chacune des statues et peintures qui le décoraient alors, le tout
en vers, malheureusement fort mauvais pour la plupart, mais avec
de nombreuses gravures. Jusqu'ici rien de surprenant. Seulement,
dans la dédicace au Roi, on remarque ce passage :

J'ai parfait un travail, et que j'ai médité
Pendant le trop long cours des heures ennuyeuses

De quatre ans de captivité
(Où mon seul zèle, et pur, pour l'État m'a jetté).
    Je te présente cet ouvrage
Dont je te fais ici, Grand Roy, mon humble hommage...

et en note :

L'auteur a composé cet ouvrage dans le château de la Bastille à Paris, où il était prisonnier d'État pour affaires de guerre, depuis 1710 jusqu'en 1714.

Comment cet ancien Trésorier ou *Premier Président des Trésoriers de France*, poète médiocre mais courtisan empressé, avait-il pu être jeté à la Bastille *par son seul zèle pour l'État*? Comment, étant prisonnier, a-t-il pu décrire en détail les beautés de Versailles? Qui donc, au juste, était ce Monicart? — Un volumineux dossier des Archives de la Bastille[1], contenant nombre de pièces curieuses et une autobiographie du personnage, le fait apparaître chargé de missions secrètes aventureuses, hôte assidu et confident de grands personnages, investi notamment de la confiance persistante d'un ministre de Louis XIV, puis sombrant sous le coup d'une accusation de haute trahison. D'autre part, ces renseignements sont rectifiés et complétés par plusieurs lettres recueillies aux Archives de la guerre et publiées par M. Ravaisson-Mollien[2]. Enfin, un heureux hasard a fait tomber entre nos mains une grande partie du manuscrit écrit à la Bastille par Monicart et resté inédit. De tout cela il ressort que l'auteur du *Versailles immortalisé* eut de singulières aventures qui méritent d'être racontées, et que son œuvre poétique, quelque défectueuse qu'elle soit au point de vue littéraire, n'est pas indigne de retenir l'attention et présente, au moins en certains endroits, une réelle valeur documentaire qui est à signaler.

I

Jean-Baptiste Monicart, fils d'un ancien commissaire des guerres, était né à Paris, rue Saint-Sauveur, en 1656. C'était, au physique,

1. Bibl. de l'Arsenal. *Archives de la Bastille*, n°s 10.596 et 10.616.
2. *Archives de la Bastille. Documents inédits, recueillis par* Fr. Ravaisson-Mollien *et publiés par* Louis Ravaisson-Mollien, t. XII, p. 23 et suiv.

d'après un rapport de police, un petit homme blond, fluet, aux allures vives, habituellement habillé de noir. Au moral, il était assurément intelligent, mais surtout intrigant, insinuant, doué d'une imagination excessive et d'une prodigieuse mémoire. A l'âge de quinze ans, sortant du collège Du Plessis, il fut attaché aux bureaux d'Étienne Berthelot, commissaire général des poudres et salpêtres, sur la recommandation d'un de ses parents, commis du marquis de Croissy. Dès cette époque, il fut initié, dit-il, à de graves secrets d'État, par les copies qu'il était chargé de faire pour le compte de Colbert et de Louvois.

Ce qui paraît certain, c'est qu'après une année passée dans les bureaux, en 1672, âgé de seize ans, il fit partie d'une dangereuse expédition ordonnée par Louvois en vue de la guerre de Hollande. Les historiens nous disent que, plusieurs mois avant que la guerre fût déclarée, de secrètes dispositions avaient été prises pour en assurer le rapide succès, que de grands dépôts d'approvisionnements avaient été formés sur la frontière, et même, que l'armée française, entrant en campagne en avril 1672, trouva quatre-vingts pièces de canon transportées d'avance, moitié à Liège et moitié devant la place de Kayserwertz sur le Rhin. Monicart nous révèle la ruse audacieuse imaginée à cet effet. Dès le mois de février 1672, un matériel d'artillerie avait été embarqué et caché sous des sacs de blé dans de grands bateaux servant habituellement au commerce et circulant constamment sur les canaux du Nord, de France en Hollande. Plusieurs convois ainsi chargés furent dirigés sur le Rhin jusqu'aux points désignés, avec ordre d'y stationner sous le prétexte de vendre du blé.

Des hommes déterminés et habiles, déguisés en marchands, furent chargés de la conduite de ces convois. Le jeune Monicart fut adjoint à l'un d'eux, risquant comme lui d'être pendu si la ruse avait été découverte. Il raconte dans un de ses écrits que chaque bateau portait trois canons avec accessoires et munitions, dissimulés sous des amas de blé, et qu'il vit, à son arrivée sur le Rhin inférieur, à destination, dix-huit bateaux semblables, réunis, attendant l'armée française. Grâce à cette manœuvre, les opérations militaires furent foudroyantes, et, en quelques semaines, les places de Kayserwertz, Wesel, Burick, Orsoy et Rheïnberg étaient au pouvoir de Louis XIV triomphant.

Monicart, dans cette première aventure périlleuse, joua si bien son rôle et y montra tant d'habileté, qu'il fut employé pendant toute la campagne à des missions secrètes du même genre, parcourant le pays sous des déguisements et fournissant à Louvois d'utiles renseignements qui lui étaient, dit-il, largement payés.

De Hollande il passa en Allemagne, puis dans le Palatinat à la suite de l'armée de Turenne. Il affirme avoir été employé à l'abominable besogne d'incendier les villages du Palatinat, ce qui semble contredire l'assertion de Turenne, répondant aux protestations de l'Électeur qu'il n'était pour rien dans cette exécution sauvage.

On retrouve Monicart en 1675 à l'armée du maréchal de Créqui, chargé par le marquis de la Frézelière, commandant l'artillerie, de faire sauter le pont de Trèves. Il entreprend ensuite, dit-il, sur l'ordre de Louvois, *de réduire en poussière* les remparts de la citadelle de Trèves perdue par nous, mais, cette opération étant *trop difficile et trop coûteuse*, il est forcé de l'abandonner.

Enfin, en mars 1678, il prend part à *divers stratagèmes* qui font tomber entre nos mains, en quelques jours, presque sans pertes de notre côté, l'importante ville de Gand.

Peu de temps après, des négociations de paix étaient entamées, et, en août 1678, le traité de Nimègue terminait la guerre de ce côté. Monicart revint à Versailles, et y fut particulièrement bien reçu du ministre qui le récompensa généreusement. Une occasion se présenta bientôt d'utiliser ses talents ; il fut attaché comme secrétaire à M. de Bourjoinville, envoyé en mission en Allemagne. Il y resta sept ans, nouant des relations, adressant des rapports à Louvois et à Barbezieux, — mais nous n'en savons rien de plus.

En 1688, il est de retour en France, rentré dans les bureaux du service des poudres de Berthelot. Il est délégué pendant un an à Saumur pour y diriger ce même service ; puis, le 13 février 1691, il reçoit le titre officiel et le brevet de Commis des poudres et salpêtres de la place de Metz.

Monicart avait alors trente-cinq ans. Il parut vouloir mener une vie plus calme. Il se maria vers 1692, à Metz, avec une demoiselle Dasquet, appartenant à une famille riche et bien posée. Il avait pour beaux-frères : le gouverneur de la ville de Cierk, un chanoine de la cathédrale de Metz, un capitaine du régiment de Boufflers et un lieutenant du régiment de Louvigny. Il comptait en outre, parmi les parents de sa femme, un Président à mortier, un conseiller au Parlement et d'autres personnages de distinction.

Ainsi appuyé, Monicart rêva une grande fortune ; il acquit une charge de *Trésorier de France au bureau des finances de Metz* et se lança dans une importante spéculation immobilière. Il acheta de vastes terrains sur lesquels il construisit plusieurs maisons. Malheureusement il avait fait ces opérations à l'aide de gros emprunts qu'il ne put pas rembourser comme il l'espérait. Il tomba en complète déconfiture et fut forcé, en 1701, de vendre sa charge de Trésorier, et de faire abandon de tous ses biens à ses créanciers. Il quitta Metz, y laissant sa sœur unique mariée à un sieur Lamy, Trésorier de France à Metz, qui lui avait sans doute succédé.

II

En 1702, Monicart ayant tout perdu, fortune et emploi, s'était réfugié à Paris ou à Versailles avec sa femme et sa petite fille de six ou sept ans, multipliant ses démarches auprès de ses anciens protecteurs et inventant les entreprises les plus diverses. Son dossier contient une série de Mémoires ou Rapports témoignant d'une imagination débordante, adressés par lui au roi ou aux ministres, pour leur proposer, tantôt la création d'une loterie royale à 20 sols le billet, devant rapporter 3 millions, tantôt le rachat de l'entreprise d'entretien du pavé dans toutes les villes du royaume, tantôt la construction d'un hôtel royal des Invalides de la marine qu'on aurait nommé *Hôtel de Neptune* et où auraient été reçus tous les officiers ou matelots vieux ou estropiés. Parfois ces Mémoires avaient des développements considérables, comme celui ayant pour objet *la création en titre d'offices héréditaires de conseillers du roi avocats particuliers dans toutes les Cours supérieures, Justices royales et subalternes de toute l'étendue du royaume.* L'idée venait à point pour fournir des subsides au trésor royal épuisé ; elle était ainsi exposée dans le préambule :

...Jusques à présent on n'a point pu toucher aux avocats qui plaident pour le public dans toutes les juridictions du royaume ; ils amassent de gros biens pour la plupart et en argent comptant qui ne va point au commerce. Et ce sont les seules personnes de la robe qui ne sont point

attachées au roi par les charges. Il semble que la création de celles ci-des-
sus serait un expédient propre à engager la plus riche partie de dix mille
avocats au moins qui suivent le barreau par tout le royaume, à en faire
une prompte acquisition et à contribuer par cet endroit, comme les autres
sujets du roi, au secours de l'État.....

Puis venait, en une longue série d'articles, un règlement complet
du nouveau barreau ainsi organisé par Monicart.

Non moins important, dans un tout autre genre, était le Mémoire
proposé au roi pour un plan de campagne se terminant par une
grande bataille générale à livrer en Flandre à l'armée ennemie en
juillet 1706. Monicart y indiquait en détail le nombre, la composi-
tion et le lieu de réunion des troupes, puis les mouvements straté-
giques à exécuter et enfin la manière sûre d'attaquer et de défaire
les alliés.

Toutes ces conceptions plus ou moins chimériques demeurèrent
sans résultats. Il en fut de même des productions littéraires aux-
quelles se livra aussi Monicart, tragédies, opéras, poésies diverses,
qui se retrouvent inédites dans son dossier de la Bastille.

De 1702 à 1705, Monicart, malgré son imagination et ses services
passés, n'obtint-il donc aucun emploi et fut-il réduit à vivre sur le
petit capital conservé par sa femme? Ou bien, fut-il chargé de
quelque mission secrète? — Nous l'ignorons ; aucune trace n'en
existe à son dossier, et il n'en dit rien dans ses écrits. Il déclare
pourtant avoir entretenu une correspondance, le plus souvent chif-
frée, par conséquent mystérieuse, avec un de ses anciens amis
habitant la Hollande, nommé Du Ry de Champdoré.

Ce dernier personnage, qui va jouer maintenant un rôle important dans l'existence de Monicart, avait un passé susceptible d'ins-
pirer quelque méfiance. C'était un ingénieur français qui, à la suite
de mauvaises affaires inexpliquées, et pour échapper à des poursuites,
s'était réfugié en Hollande où il avait obtenu l'entreprise de quelques
travaux publics. On va voir le parti qu'il prétendait pouvoir tirer
de la confiance du gouvernement hollandais.

La France traversait alors une crise grave. L'avènement de Phi-
lippe V au trône d'Espagne avait déchaîné contre Louis XIV une
coalition formidable, nos armées étaient battues, les places fortes
des Flandres tombaient l'une après l'autre au pouvoir des alliés.

A la fin de décembre 1704, la forteresse de Trarbach, après une héroïque défense de six semaines qui avait coûté la vie à presque toute la garnison, avait capitulé. C'était sur la Moselle un poste stratégique important, et le Journal de Dangeau montre avec quelle anxiété à Versailles on avait suivi les phases de la lutte et appris son malheureux dénoûment.

Il y avait à peine trois ou quatre semaines que la triste nouvelle de cette capitulation était parvenue à la Cour, lorsqu'à la fin de janvier 1705, Monicart demanda une audience au ministre de la guerre Chamillart pour lui proposer un moyen sûr de reprendre Trarbach sans coup férir. C'était son ami l'ingénieur Du Ry de Champdoré qui offrait de livrer la place par trahison, moyennant une honnête récompense. Son plan, que Monicart exposa au ministre, fut par lui, plus tard, rédigé avec détail dans un Mémoire qui est à son dossier. Il est donc possible de le résumer et de l'apprécier.

L'ingénieur se faisait fort d'obtenir des États Généraux la mission d'exécuter les réparations devenues nécessaires aux fortifications de Trarbach par suite du siège que cette ville venait de subir. Chargé de cette entreprise, Du Ry aurait à embaucher des maçons, et il accepterait, sans éveiller de soupçons, un soldat, choisi et envoyé par Monicart, sachant la langue allemande, déguisé en maçon et portant ses outils, qui se présenterait à l'entrée de la ville. Aidé de ce complice, Du Ry ferait saper un pan de la muraille au-dessous d'une brèche déjà entamée, de façon à pouvoir, d'un coup d'épaule, le faire tomber dans le fossé. Une nuit, à date convenue, l'ingénieur et son faux maçon enivreraient ou tueraient la sentinelle postée près de la brèche, renverseraient la muraille et pratiqueraient ainsi une ouverture suffisante pour faire pénétrer dans la citadelle une troupe française avertie d'avance et cachée aux environs. La garnison, affirmait Du Ry, n'était que de 450 hommes logés de différents côtés à cause des réparations entreprises, et 60 hommes seulement couchaient dans le château. *Surpris*, disait Monicart, *dans leur premier sommeil, ceux-ci se rendraient à discrétion sans aucun doute.* — Quant aux autres, pour les empêcher de rentrer dans la citadelle, *l'ingénieur aurait soin de mettre des pierres et plomb en balles dans les premières serrures et cadenas de la porte. A l'égard des 300 et quelques hommes restés ainsi dans la ville, il n'y avait aucun lieu de douter qu'ils ne prissent le large et n'abandonnent la ville pour se retirer ailleurs, voyant les Français maîtres du château.*

Tel était le plan combiné entre Du Ry et Monicart. Pour sa rémunération, Du Ry demandait la suppression des poursuites ordonnées contre lui en France, l'autorisation de rentrer librement, et une somme de 200.000 livres ; Monicart se contenterait de 10.000 écus.

Pour comprendre le bon accueil fait par Chamillart, ministre de la Guerre, à cette étrange proposition, il n'est peut-être pas inutile de rappeler quelques lignes du portrait qu'a fait de lui Saint-Simon[1] :

C'était un bon et très honnête homme, à mains parfaitement nettes et avec les meilleures intentions, poli, patient, obligeant, bon ami, ennemi médiocre, aimant l'État, mais le roi sur toutes choses, et extrêmement bien avec lui et Mme de Maintenon ; d'ailleurs très borné et, comme tous les gens de peu d'esprit et de lumière, très opiniâtre, très entêté, riant jaune avec une douce compassion à qui opposait des raisons aux siennes, et entièrement incapable de les entendre, par conséquent dupe en amis, en affaires et en tout, et gouverné par ceux dont, à divers égards, il s'était fait une grande idée, ou qui, avec un très léger poids, étaient fort de ses amis. Sa capacité était nulle et il croyait tout savoir, et en tout genre ; et cela était d'autant plus pitoyable que cela lui était venu avec ses places, et que c'était moins présomption que sottise et encore moins vanité, dont il n'avait aucune.

Cet honnête et naïf ministre écouta sérieusement Monicart, et, après plusieurs entretiens, fut tout à fait séduit, car il lui promit 20.000 écus au lieu de 10.000, lui fit payer d'avance *cinquante louis d'or en attendant une plus grosse récompense*, et, en février 1705, l'adressa au maréchal de Villars à Metz.

Mais Villars était tout l'opposé de Chamillart, et paraît n'avoir prêté qu'une oreille distraite aux communications de Monicart, en alléguant diverses opérations plus urgentes à suivre. Monicart s'en plaint avec amertume ; faute de mieux, il continue à correspondre secrètement avec Du Ry, et, par ce moyen ou autrement, fait de l'espionnage militaire sur les mouvements ennemis. Il adresse des rapports confidentiels à Villars qui semble peu s'en soucier, et à Chamillart qui les accueille mieux.

1. *Mémoires de Saint-Simon*, édition de Boislisle, t. VIII, p. 17.

Le 27 avril 1705, Chamillart lui écrit de Marly :

J'ay reçu avec votre lettre du 21 de ce mois, les nouvelles qui y étaient jointes. Adressez-vous à M. le maréchal de Villars pour entretenir vos correspondances, il jugera aisément de l'utilité qu'il en pourra tirer, et vous conformerez à ses ordres.

CHAMILLARD.

Le 10 juin, il lui écrit de Versailles :

Votre lettre du 6 de ce mois m'a été rendue avec la copie de celle que vous avez reçue de Coblentz sur les mouvements des ennemis. *Continuez à me mander tout ce que vous en aprendrez, et informez-en régulièrement M. le maréchal de Villars.*

CHAMILLARD.

Mais le maréchal persiste à ne pas écouter Monicart et, comme celui-ci ne quitte pas le quartier-général, il le trouve gênant, peut-être suspect, et demande à en être débarrassé.

Le 19 juillet, Chamillart se résigne à le rappeler à Paris :

J'ay reçu votre lettre du 2 de ce mois, je l'ai communiquée à M. le maréchal de Villars qui me mande qu'il ne croit pas que votre séjour à Metz y soit nécessaire présentement ; ainsi vous pouvez vous en retourner à Paris *jusques à ce qu'il y ait occasion de faire usage de la bonne volonté de votre ingénieur.*

CHAMILLARD.

Comme on le devine par la fin de cette lettre, le ministre n'avait pas oublié ni rejeté définitivement le projet de Trarbach. Aussi, à la fin de 1705, en rentrant à Paris, Monicart s'empresse-t-il d'insister pour la réalisation de son plan auprès de Chamillart. Celui-ci est de nouveau convaincu de l'excellence de la combinaison, et, le 16 décembre 1705, il écrit de Marly qu'il autorise le sieur Duchemin, commandant une troupe de partisans, à se concerter avec M. de Monicart, pour sortir de nos lignes et agir *sans en rendre compte à M. le maréchal.* En même temps, il donne à Monicart une sorte de passe-port spécial lui permettant aussi de circuler librement à travers les avant-postes, sans avoir besoin d'en référer au maréchal.

Notre homme triomphait ainsi des résistances de Villars, et, en mars 1706, il avait passé la frontière. Cependant, toute l'année 1706 se passe sans que Trarbach soit entre nos mains. L'ingénieur Du Ry tardait-il à s'introduire dans la place? Ou bien le capitaine Duchemin mettait-il de l'hésitation ou du mauvais vouloir à entreprendre une opération si risquée? — On ne sait; toujours est-il que l'affaire ne marche pas.

En revanche, Monicart passe constamment d'un camp à l'autre et parcourt en tous sens les Flandres et l'Allemagne. Une pièce de son dossier et ses propres déclarations nous apprennent, chose étrange, qu'il obtient, des États Généraux de Hollande, un passeport daté du 23 novembre 1706, sous les faux nom et fausse qualité de *Jean-Baptiste de Francheville, capitaine au service du duc de Lorraine*. Dans quel but? et comment? — Il ne le dit pas. On doit supposer qu'il utilisait, comme antérieurement, ses talents d'espion politique et militaire, — au profit de la France, il faut l'espérer.

A la fin de la campagne de 1706, la mauvaise saison suspendant les opérations de guerre, Monicart rentre à Paris et s'applique à convertir pour la troisième fois Chamillart, qui éprouve peut-être quelques doutes sur l'affaire de Trarbach. Il en triomphe d'ailleurs encore assez facilement, car, le 5 janvier 1707, le ministre lui répond qu'il adresse son mémoire détaillé à M. de Gasquet, maréchal de camp commandant la place de Trèves, afin que celui-ci *voie ce qu'il y a de faisable*. A la même date, Chamillart écrit à de Gasquet, en lui envoyant le mémoire de Monicart : *les conjonctures n'ayant pas permis de mettre sa proposition à exécution*, celui-ci donnera lui-même les explications nécessaires. Enfin, le crédule ministre remet à Monicart 1.500 livres pour ses déplacements, et l'expédie à Trèves.

De janvier à avril 1707, on devine que notre héros n'a pas trouvé très bon accueil auprès de M. de Gasquet, excellent officier, qui résiste à entrer dans ses vues. En effet, Monicart s'en plaint à Chamillart; il expose que son ami l'ingénieur est actuellement dans Trarbach et s'impatiente de ne recevoir aucun ordre décisif. Chamillart lui répond qu'il doit s'en rapporter à M. de Gasquet, parce que, si *l'on entreprend l'affaire, ce sera lui qui en sera chargé*. Il lui envoie pourtant un nouveau subside de 1.000 livres comme encouragement. Mais, décidément, M. de Gasquet refuse son concours. Le 15 avril, il répond aux instances de Monicart :

Je vous avoue, Monsieur, que je trouve le succès fort douteux, et nous ne sommes pas dans un temps à risquer plusieurs bons soldats pour voir clair à une réussite...

et le 1ᵉʳ mai :

Je vous avoue qu'à moins d'être sûr d'une porte ouverte ou d'un corps de garde assuré, tant que je serai le maître, je ne hasarderai point les troupes du roi, et, à vous parler ingénûment, je veux y voir plus clair pour y réussir...

Justement en avril 1707, Chamillart était venu lui-même en Alsace, et Monicart lui avait écrit, dit-il, lettres sur lettres *pour le conjurer de faire examiner sa proposition au Conseil du roi par des maréchaux de France ou autres officiers généraux expérimentés au fait de la guerre, mais il a voulu s'en rapporter à M. de Gasquet qui n'est pas infaillible...* Puis il ajoute tristement : *Il a été contrecarré par M. de Gasquet, sans quoi il n'aurait pas balancé à suivre cette affaire.*

La belle entreprise de Trarbach qui devait rapporter 20.000 écus à Monicart et 200.000 livres à Du Ry de Champdoré paraissait donc irrémédiablement condamnée.

III

A la fin de 1707 et en 1708, on rencontre Monicart tantôt à Metz, tantôt à Paris ou à Versailles, fréquentant le ministère de la Guerre, et entretenant toujours sa correspondance mystérieuse avec son ami de Champdoré.

On découvre alors, non sans quelque surprise, qu'il a pour confidente ou associée dans ses négociations, la marquise de Crussol d'Uzès, née Judith d'Aumale, mariée, en secondes noces, en 1697, avec un petit-fils du duc d'Uzès, pair de France, Louis de Crussol, dit *le comte d'Uzès*, lui-même *mestre de camp de cavalerie*, bientôt maréchal de camp, d'une brillante réputation militaire. Monicart est le commensal habituel de la marquise à Versailles et loge même chez elle à l'occasion dans son hôtel de la rue de l'Orangerie. Elle a pour lui une estime profonde, une amitié dévouée, comme on le verra bientôt, et, ainsi que lui, elle est en correspondance avec Du Ry de Champdoré au sujet de l'entreprise de Trarbach, encore en 1708.

L'ingénieur, en effet, ne pouvait se résigner à renoncer à une si fructueuse opération, et il se faisait fort de triompher de la résistance des chefs militaires. Monicart essaie donc encore de renouer l'affaire avec le ministre qui, pour la troisième fois, se laisse convaincre. Le 14 novembre 1708, Chamillart lui écrit qu'il a reçu sa lettre *avec un extrait de celle de l'ingénieur*, et qu'il consent à donner à ce dernier un passe-port de deux mois, pour qu'il vienne exposer lui-même *ses plans* à M. de Saint-Contest, commandant la place de Metz d'où l'expédition sera dirigée.

Le 24 novembre, Monicart a reçu le passe-port destiné à Du Ry et le lui envoie secrètement à Leyde pendant que la marquise de Crussol écrit de son côté aussi à Du Ry de venir sans retard à Paris, à l'aide du précieux passe-port signé du roi.

Huit jours après, surgit un curieux incident. Le 2 décembre 1708, Madame et Mme de Maintenon reçoivent en même temps deux lettres ou mémoires anonymes les prévenant que dix-huit hommes et deux officiers de l'armée ennemie postée alors devant Lille, ont pénétré en France sous des déguisements, doivent se rejoindre à Paris, puis à Versailles, et enlever par surprise, soit Mgr le duc de Bretagne, deuxième fils du duc de Bourgogne et futur Dauphin de France, soit Mme de Maintenon, soit enfin M. Desmaretz, ministre des Finances. Quelque aventureux que fût un tel dessein, l'exécution n'en était pas impossible. En effet, l'année précédente, en mars 1707, le Premier Ecuyer Beringhen, revenant de Versailles à Paris dans un carrosse du roi attelé de six chevaux, accompagné de deux valets de pied du roi et d'un garçon d'attelage sur un septième cheval, avait été arrêté près du Point-du-Jour, vers huit heures du soir, par quinze ou seize hommes à cheval qui l'avaient enlevé, le prenant sans doute, à cause de la livrée royale, pour un personnage encore plus important. Beringhen et ses ravisseurs furent rejoints, à grand'peine, dans le Nord, au delà de la Somme, sur le point de passer nos lignes. C'était un colonel allemand nommé Guethem, au service de la Hollande, qui avait imaginé et exécuté cet audacieux coup de main. On en avait été fort ému à la Cour, raconte Saint-Simon[1]; on organisa des gardes de nuit au Château;

---

1. *Mémoires de Saint-Simon*, édition de Boislisle, t. 14, p. 352 et suiv. — Voir aussi l'article publié dans la *Revue de Paris* du 15 novembre 1905, par Mme Arvède Barine.

les parties de chasse des princes furent limitées ; certains personnages
n'osèrent plus sortir après le coucher du soleil ; enfin, Mme de Maintenon écrivait à la princesse des Ursins :

La fièvre me prit une demi-heure après cette nouvelle ; Mme la duchesse
de Bourgogne eut un frisson qui lui dura vingt-quatre heures, car elle est
sensible, tendre et peureuse.

On devine dès lors l'émoi que causèrent les deux missives anonymes du 2 décembre. Mme de Maintenon mande immédiatement
son fidèle Chamillart et lui communique ses craintes. Mais d'où
venaient ces avis inquiétants ? — Le ministre les attribue à Monicart
qu'il juge sans doute le plus apte à avoir de tels renseignements ;
puis, songeant au passe-port sollicité et obtenu récemment par lui
en faveur de Du Ry de Champdoré au service de la Hollande, il
croit découvrir que celui-ci doit être l'instigateur du complot et le
chef des vingt partisans introduits en France, et dénoncés ainsi par
Monicart jouant un double jeu. Justement, Chamillart reçoit à ce
moment une lettre de Monicart lui transmettant un rapport de l'ingénieur daté d'Amiens. Plus de doutes, c'est Du Ry qu'il faut arrêter,
et Monicart doit savoir où il se trouve. Le ministre, enchanté sans
doute de sa perspicacité, adresse alors, le 6 décembre, à Monicart,
la lettre suivante, écrite de sa main, qui mérite d'être rapportée intégralement :

J'attendais, pour respondre à celle de vos lettres du 28 du mois passé
qui accompagnait celle que vous aviez reçue du s^r de Ry du 24, par la
suscription de laquelle vous jugiez qu'il devait être à Amiens, que vous
m'eussiez escrit plus amplement sur le sujet de son voyage en France, et
je ne m'attendais pas à aprendre par deux mémoires du 2 de ce mois
que vous avez adressés à Madame et à Mme de Maintenon, que
vous aviez une relation plus intime que vous ne m'aviez fait connaître
avec cet ingénieur, que je vois par ce qu'ils contiennent qu'il est venu en
France à tout autre dessein que celui dont vous estes servy pour lui procurer le passeport que le roy ne lui a fait expédier que sur la confiance
que votre zèle n'agissait que pour son service, et que vous estiez bien
assuré de luy. Le compte que je viens de rendre à Sa Majesté du contenu
auxdits mémoires luy faisant juger que vous devez sçavoir précisément
où est le s^r de Ry et qu'il n'est pas aparamment éloigné de vous, Elle

m'ordonne de vous dire que son intention est que vous l'obligiez sans
perte de temps à venir icy pour rendre compte en détail de sa conduite
depuis qu'il est entré en France, et recevoir les ordres que je luy expli-
queray ; j'espère que ceux que Sa Majesté m'a chargé de donner sur l'avis
contenu dans vos mémoires, seront assez exactement executez pour que
les deux partisans et les dix-huit hommes de leur suite ne réussissent pas
mieux à l'exécution de leur projet que le s^r Guethem fit, quand il vint
enlever Monsieur le Premier pour l'emmener en Hollande. Vous avez
intérest de faire rendre icy le s^r de Ry avant huit jours, car Sa Majesté
s'en prendrait à vous s'il y manquait, et vous rend responsable dez à présent de ce que je vous marque de sa volonté sur cela.

CHAMILLARD.

Monicart écrit en marge cette annotation :

Par cette lettre, le ministre paraît persuadé que l'ingénieur est arrivé
en France à la faveur du passeport et qu'il est à la tête d'un parti ennemy
et que le Roy me rend responsable de ces évènemens.

et, dans un mémoire détaillé sur cet incident, il ajoute :

C'était l'ingénieur qui avait fait donner cet avis.

Était-il vrai, ainsi que l'affirmait Monicart, que l'ingénieur fût
l'auteur des mémoires anonymes? Et le complot dénoncé par lui
était-il réel ou imaginaire? — Nous sommes sans renseignements à
cet égard. Mais, ce qui semble établi, c'est que Monicart se disculpa
personnellement de l'envoi des susdits mémoires, et détourna de
son ami Du Ry l'accusation d'être le chef des vingt partisans pour-
suivant le dessein d'enlever le duc de Bretagne ou Mme de Maintenon.
En effet, la lettre adressée le 24 novembre d'Amiens à Monicart par
Du Ry prouvait que celui-ci ignorait l'existence du passe-port
obtenu pour lui, et se trouvait interné, déjà depuis quelque temps,
comme prisonnier de guerre dans la citadelle d'Amiens. Du Ry
n'était donc pour rien dans l'expédition qui avait jeté l'effroi à Versailles, à moins pourtant que ce ne fût qu'un trait de son inven-
tion.

Quoi qu'il en fût, les accusations et les remontrances de Chamillart se trouvaient réduites à néant, et sa longue missive amphigou-

rique n'aboutissait à rien. Il n'en garde pas rancune cependant à Monicart, et pour la quatrième fois, il reprend, sous son inspiration, l'affaire de Trarbach. Il lui remet, en effet, le 12 mars 1709, une nouvelle lettre qui l'accrédite auprès de M. de Saint-Contest à Metz, afin d'en préparer l'exécution.

De son côté, Du Ry de Champdoré était rentré en Hollande, car on trouve une lettre de lui du 28 mars 1709 adressé de La Haye à M. de Champreuil, lieutenant du roi à Valenciennes. Il y parle, d'une façon assez énigmatique, d'une lettre de Madame la marquise de C..., du passeport arrivé en son absence alors qu'il était prisonnier de guerre en France, et de son désir d'entretenir M. de Champreuil de certaines affaires concernant la marquise, mais sans dire lesquelles.

En avril 1709, Monicart est donc de nouveau à Metz, muni de la recommandation de Chamillart et cherchant à convaincre enfin Saint-Contest de l'excellence de son projet sur Trarbach. Mais, encore une fois, il ne rencontre auprès des militaires chargés de la réalisation de son plan que méfiance ou incrédulité. Saint-Contest, comme Villars et comme Gasquet, trouve l'entreprise folle et refuse de s'y associer.

Le 23 avril 1709, Chamillart, vaincu enfin par les observations des hommes compétents, donne à Monicart l'ordre de revenir, en lui déclarant que l'ingénieur Du Ry est un homme suspect avec qui il faut rompre.

IV

Dans l'été de 1709, Monicart se fixe à Versailles chez la marquise de Crussol, rue de l'Orangerie.

Alors entre en scène un nouveau personnage, c'est le baron de Scheffart de Mérode, noble Hollandais chassé du Palatinat après confiscation de ses biens, on ne sait pourquoi. Il est venu se réfugier en France pour solliciter du roi un emploi à l'armée, et invoque une recommandation auprès de la duchesse d'Orléans. Est-ce Monicart qui l'introduit chez la marquise de Crussol? Ou bien, est-ce la marquise qui le présente à Monicart? — On ne sait. Toujours est-il que Monicart et le baron sont les familiers du salon de Mme de Crussol, et que Monicart trouve moyen de présenter et recommander son nouvel ami à Madame de Brancas. Celle-ci agit si bien auprès du roi, que le baron de Scheffart de Mérode obtient un brevet de lieutenant-colonel attaché à la place de Luxembourg, poste de confiance sur la frontière, où il pourra se distinguer.

Quant à Monicart, il ne quitte pas Versailles, et, pendant cinq mois, il continue de demeurer chez Mme de Crussol. Tous deux ont conservé, malgré la défense de Chamillart, leur correspondance avec Du Ry de Champdoré, et, fait bizarre, Scheffart de Mérode y prend part également. Mais comme ces relations pourraient être mal interprétées, la correspondance entre ces diverses personnes est entourée de singulières précautions. Les lettres sont écrites, partie en allemand, partie en latin, rarement en français, quelquefois chiffrées, toujours dans un langage convenu à peu près incompréhensible. En outre, elles sont adressées de Versailles au maître de la poste de Dusseldorf qui les fait parvenir à Du Ry ou à Scheffart; et les lettres de ceux-ci sont adressées par eux soit à Versailles à l'hôtelier *du Panier fleuri*, rue du Vieux-Versailles, soit à Paris à un sieur Gilles, commerçant, rue Saint-Denis.

Les choses marchent ainsi jusqu'en août 1710, avec cette seule différence, que Mme de Crussol étant tombée dangereusement malade au cours de cette même année, Monicart a été forcé, dit-il, de quitter Versailles et d'aller se loger à Paris dans une petite auberge de la rue Saint-Denis à l'enseigne de *La Trompette*, tout près de son ami Gilles, le complaisant intermédiaire de sa correspondance. On croirait volontiers qu'il cherche à se cacher, car il n'a donné, dans son auberge que son faux nom de Francheville; mais ce ne serait, d'après lui, que pour dépister quelques créanciers.

Dans ces circonstances, à la fin d'août 1710, une étrange découverte est faite dans les bureaux de la poste de Luxembourg. Le Directeur, frappé sans doute de voir souvent des lettres adressées au maître de poste de Dusseldorf, en ouvre une, et, sous l'enveloppe, s'aperçoit que le contenu doit être transmis à M. de Marlborough, commandant l'armée alliée. Il brise le deuxième cachet et trouve une lettre en latin, datée du 14 août, non signée, paraissant faire suite à une correspondance antérieure, et proposant à Marlborough d'enclouer tous les canons d'une citadelle précédemment désignée et de lui livrer la place. Le Directeur de la poste informe immédiatement de sa découverte le comte de Druy, Gouverneur de Luxembourg, qui transmet le tout au Chancelier Voysin, successeur de l'incapable Chamillart depuis une année environ.

Une enquête secrète est rapidement menée. La place qu'un traître offrait de livrer à l'ennemi ne pouvait être à ce moment que Luxembourg, Namur ou Metz. L'écriture de la lettre saisie ne paraissant pas déguisée, on la compare avec celle des officiers d'artillerie attachés à ces trois villes, et l'on reconnaît l'écriture de Monicart dont on avait de nombreux spécimens dans les rapports envoyés par lui au ministère alors qu'il était à Metz. Son arrestation est de suite ordonnée. On le croyait retourné à Metz, et le 7 septembre, Voysin écrit à Saint-Contest de le faire incarcérer sans tarder. Il explique très nettement toute l'affaire à Saint-Contest et termine ainsi [1] :

> .....il ne pourra pas nier son écriture et sa signature sur les mémoires que j'ai retrouvés dans mes bureaux... Lorsque vous lui représenterez ensuite la lettre latine, la ressemblance en est si évidente que je doute qu'il puisse la dénier ; il sera facile en tous cas de le convaincre par la comparaison des écritures, et le soupçon est assez violent pour bien s'assurer de sa personne. Je vous prie aussitôt que vous l'aurez interrogé de m'envoyer la copie de ses réponses pour que je sois en état d'en rendre compte à Sa Majesté. *Son projet paraît d'un visionnaire, mais on ne laisse pas de punir ceux qui sont capables de telles extravagances.*

On ne trouva point Monicart à Metz, car nous savons qu'il était à Paris. Mais une révélation imprévue vint faire connaître sa demeure. Un sieur Leclerc, ancien domestique de Mme de Crussol, entré depuis peu au service de M. Millain, secrétaire du Chancelier, était resté en relations avec Monicart et le baron de Scheffart qu'il avait connus chez la marquise. Il s'était chargé, sur la demande de Monicart, de faire parvenir ses lettres à son beau-frère Lamy, Trésorier à Metz, sous le couvert de la correspondance administrative adressée à ce dernier par le Chancelier. Or, le 7 septembre, Leclerc recevant un gros paquet à transmettre à M. Lamy eut la curiosité de l'ouvrir et vit un petit mot de Monicart priant sa sœur Mme Lamy de faire passer le paquet à *M. le baron.* A l'intérieur de l'enveloppe à l'adresse de ce baron que Leclerc devinait être Scheffart, se trou-

---

1. *Archives de la guerre* (Documents publiés par M. Ravaisson-Mollien).

vait une autre enveloppe pour le maître de la poste de Mayence, puis une troisième à l'adresse de M. de Thungen, Gouverneur de Mayence et commandant l'armée des Impériaux sur le Rhin. Dans cette dernière enveloppe était une lettre en latin, de l'écriture de Monicart, offrant de livrer aux Allemands une place sur le Rhin en enclouant tous les canons, — comme dans la lettre saisie à Luxembourg. Leclerc s'empressa de faire part de sa découverte à M. Millain qui envoya le paquet au Chancelier. En outre, Leclerc, interrogé, donna le signalement de Monicart : petit homme portant perruque blonde et habillement noir, — et déclara qu'il logeait dans une auberge rue Saint-Denis à côté de la boutique d'un sieur Gilles ayant pour enseigne : *Le cheval rouge*.

Le lieutenant de police d'Argenson fut averti le 10 septembre et, grâce aux indications de Leclerc, découvrit facilement le faux Francheville dans son auberge de *La Trompette*. Le lendemain, 11 septembre, d'Argenson écrivait au Chancelier Voysin :

Monicart a été arrêté ce soir... conduit à la Bastille... Il a dit qu'il y avait méprise...que toutes ses démarches n'avaient eu pour objet que l'utilité du service... Ces premiers discours me font juger que cet homme est un de ces intrigants dangereux qui paraissent vouloir servir les deux partis pour en tromper un ; c'est ce que je tâcherai d'éclaircir dans la suite avec toute l'attention dont je suis capable pour avoir l'honneur de vous en rendre compte, cette affaire me paraissant des plus sérieuses et même des plus importantes.

D'Argenson y apporta en effet un grand soin. Il vint lui-même faire subir à Monicart de longs et minutieux interrogatoires dont les procès-verbaux sont au dossier des Archives de la Bastille. Il examina les nombreux papiers saisis dans son logement et mis sous scellés dans une vaste malle, et, à la fin de septembre, rendant compte au chancelier de ce qu'il avait fait, il concluait ainsi sur Monicart :

...Il se défend, comme tous les espions ont coutume de faire, en disant que, s'il a eu des intelligences secrètes avec les ennemis (comme il n'en peut disconvenir), c'était en vue de les attirer dans les pièges qu'il se proposait de leur tendre...

...Je crois pouvoir vous assurer que ce prisonnier est un véritable

espion du nombre de ceux qui doivent rester à la Bastille jusques à la
paix.

Le lieutenant de police était-il dans le vrai? Monicart était-il un
traître avéré? Ou bien, le Chancelier avait-il raison de dire que ses
projets étaient extravagants et dignes d'un visionnaire? — Il faut
reconnaître, d'une part, que les apparences étaient terriblement
graves contre Monicart, et ses relations avec Du Ry de Champdoré
et Scheffart de Mérode, bien suspectes. Mais d'autre part, sa chimé-
rique entreprise de Trarbach et ses combinaisons financières et poli-
tiques dénotaient plus d'imagination que d'esprit réfléchi. Enfin
l'on peut invoquer, en faveur de ses bonnes intentions et de sa
sincérité, le témoignage de la marquise de Crussol, confidente de
ses projets, associée à sa correspondance avec l'étranger, et qui,
elle, était assurément de bonne foi. Lorsqu'en septembre elle apprit
l'arrestation de Monicart et l'accusation qui pesait sur lui, elle n'hé-
sita pas à prendre sa défense en proclamant qu'ils avaient, tous deux
ensemble, cherché uniquement à rendre des services au roi. Le
4 octobre, elle écrivit directement de sa grosse écriture et avec son
orthographe de grande dame, à d'Argenson :

Monsieur,

J'apris hyer seullement que lon croy que cest vous qui avez faite areté
Mons' de Monicart, cest ce qui moblige à me donner l'honneur de vous
écrire pour vous supplier, Monsieur, que je puisse savoir et au cas que
cela soit, d'avoir la bonté de l'interroger s'il se peut sens délaix et comme
il pourra être question de moi dans son interrogatoire, j'ai cru vous devoir
assurer par avance que, de l'équité dont vous êtes, Monsieur, bien loin
d'y trouver de quoi condamner ma conduite, vous n'y trouverez au contraire que de quoi la louer, aussi bien que celle dudit sieur de Monicart,
par le zèle et par l'attachement que vous y remarquerez que nous y faisons
voir *tous deux* pour le service du roy, et que je me fais fort de vous prou-
ver par mémoire et par lettres dès que j'aurai eu l'honneur de vous infor-
mer de quoi il est question, et que nous sommes toujours encore *lui et
moi*, en état aussi bien qu'en volonté de lui en rendre de très importants,
pourvu qu'il puisse être assez heureux pour avoir l'honneur de vous en
entretenir, sans aucun retardement, tant la diligence y est nécessaire.

Je suis avec vérité, Monsieur, votre très humble et très obéissante ser-
vante.

DE AUMALLE MARQUISE DE CRUSSOL.

Les ordres que vous aurez, je crois, Monsieur, à me donner, me seront adressés s'il vous plaît à la rue de l'Orangerie au coin de la rue Satory.

Si Monicart était coupable, comme le déclarait d'Argenson, du crime de haute trahison, la marquise de Crussol devait-elle donc aussi en être accusée? — Le lieutenant de police ne paraît pas même en avoir le soupçon, car, en marge de cette lettre, il se borne à écrire lui-même :

Lettre de Mme de Crussol en faveur de Monicart.
Elle paraît fort indiscrète et ne mérite aucune réponse.

Néanmoins l'instruction se poursuivit activement contre Monicart, et après un dernier interrogatoire, d'Argenson écrivit à Voysin :

L'interrogatoire que j'ai l'honneur de vous envoyer vous fera connaître qu'il continue toujours de vouloir excuser ses correspondances avec les ennemis et ses offres apparentes par la fidélité de ses intentions qu'il est impossible de pénétrer.

Il allègue la même excuse en faveur du baron de Scheffart, qui, pour faire sa paix avec son souverain, pourrait bien avoir formé des projets contraires aux intérêts de la France et mis notre prisonnier dans son secret. Enfin, cette duplicité feinte, véritable ou affectée, est toujours un crime qui ne peut être excusé que par une permission expresse et précise d'un de Messieurs les ministres du roi, au lieu que notre prisonnier est obligé de convenir qu'il agissait malgré vos défenses.

Je ne vois presque point d'espion qui n'agisse suivant ce système, et qui, feignant de servir les deux partis en s'offrant à eux jusques à ce que des récompenses solides les aient fixés, ne tâchent à se parer contre les soupçons de l'un et de l'autre : *il semble donc que c'est traiter favorablement Monicart que de l'oublier à la B. jusqu'à la paix*, et crois qu'il pourrait être dangereux de laisser le baron de Scheffart, son complice, ou son confident, dans une place frontière.

Ces conclusions définitives du lieutenant de police furent adoptées de point en point par le Chancelier et par le roi. Le 22 octobre, Voysin écrivit de Versailles à d'Argenson :

Le Roi m'a commandé, conformément à votre avis, de laisser Monicart à la B. jusqu'à la paix. Sa Majesté désire qu'en attendant il y soit gardé avec soin, et à l'égard du baron de Scheffart, son correspondant, qui est est du Palatinat, j'écris, par ordre du Roy, à Luxembourg, à Messieurs les comtes d'Autel et de Druy de lui redemander la commission de lieutenant-colonel qui lui a été accordée, et de l'avertir de se retirer chez lui, le séjour qu'il fait dans les places frontières ne pouvant être que très suspect.

Tout fut donc ainsi réglé, et Monicart *oublié à la Bastille*, suivant l'heureuse expression de d'Argenson.

Il ne fut pas cependant oublié par sa fidèle protectrice et amie la marquise de Crussol qui renouvela vainement ses démarches en sa faveur, et lui adressait encore à la Bastille, le 2 janvier 1711, la lettre suivante qui fut interceptée et jointe comme les autres à son dossier :

J'espère de l'équité de Monsieur d'Argenson qu'il voudra bien, Monsieur, vous faire rendre cette lettre et celle incluse de Mesdames vos sœur et femme, lesquelles me prient de leur faire savoir ce que vous pouvez avoir besoin, particulièrement Madame votre sœur. Vous pouvez je crois avec la permission de Monsieur d'Argenson le faire savoir à M. de Bernaville auquel je vous prie de faire mes compliments pour cette année et bien d'autres. Je viens de voir M. Dombrezel, votre ami, lequel l'est autant que jamais, et, comme vous êtes apparemment interrogé par Monsieur d'Argenson, vous ne pouvez que sortir victorieux de votre prison. Pour moi, je crois connaître votre fidélité pour le service du roi, ainsi j'ai bonne espérance. Le Seigneur vous sortira comme vous le méritez de votre mauvaise fortune. Vous savez que nous faisons dire des messes à Paris au Saint-Esprit pour la réussite de nos bonnes intentions. Je ne fais nul doute que vous n'ayez parlé à Monsieur d'Argenson comme à un confesseur ; il est si bon, si juste et si fidèle pour le roi, que, dans votre malheur, vous avez pour votre consolation, premièrement, votre innocence, ce qui doit beaucoup diminuer vos peines. Espérez donc en Dieu qui sait vos bons desseins et si utiles.

Je suis avec vérité, Monsieur, votre amie.

LA MARQUISE DE CRUSSOL.

La pauvre femme, on le voit, ne se doutait pas que l'instruction était depuis longtemps close et que la bonté de d'Argenson l'avait porté seulement à oublier Monicart jusqu'à la fin de la guerre.

V

Monicart était au secret, privé de toute communication avec le dehors, et de toute autre visite que celle de M. de Bernaville, gouverneur de la Bastille.

Il fut pendant une année entière dans un état violent de surexcitation, au point que ses gardiens crurent qu'il allait devenir fou. Puis, il se calma peu à peu et se mit à composer des vers qu'il griffonnait avec un morceau de charbon sur les murs ou le plancher de sa cellule. Alors lui vint l'idée de dépeindre en vers le château et les jardins de Versailles. Les statues ou les tableaux représentant les dieux de l'Olympe ou les personnages célèbres de l'antiquité furent pour lui l'occasion de longs développements poétiques, où la mythologie et l'histoire ancienne prirent plus de place que la description de Versailles.

Monicart raconte dans le volumineux manuscrit resté inédit et tombé entre nos mains, comment il fut réduit à composer et écrire son ouvrage uniquement de mémoire, et sans le secours d'aucun livre :

> ... L'organe affligé qui me pousse et m'anime
> A te parler en mince rime
> Est encore détenu dans un triste château
> Où chacun est privé des meubles d'un bureau ;
> On n'y trouve jamais d'encre rouge ni noire,
> Ni plume, ni papier, parchemin ou pinceau,
> Et si vous enfantez quelque œuvre du cerveau,
> Il faut la charbonner, à défaut d'écritoire,
> Sur le mur ou sur le carreau
> Et quelquefois sur votre peau.
> On n'a ni livre ni mémoire
> Qui puisse vous aider pour tracer à loisir
> Quelque ouvrage d'esprit qui lui fasse plaisir ;
> Il faut que la seule mémoire
> Soit lors votre recueil et votre répertoire,
> Et c'est ainsi, cher curieux,
> Que fait l'auteur industrieux
> Qui, pour dépayser sa triste destinée,
> Et, pour tuer encor un ennuyeux loisir,

> Travaille en vers à soie, et comme l'araignée,
> En tirant de son sein et de son souvenir
> La matière d'une œuvre, et qu'il tâche à finir
> Pour le terme tardif de la paix générale
> Auquel temps attendu Louis a limité
> Celui de sa captivité !

A maintes reprises, dans son manuscrit, Monicart revient sur cette même affirmation qu'il n'a aucun livre à sa disposition, et s'excuse vis-à-vis du lecteur des défaillances de sa mémoire. Il continue toujours de protester contre son injuste emprisonnement qu'il attribue à la raison d'État, et se plaint de sentir l'épuisement de ses forces :

> ... Captif, comme il est, seul, languissant et morne
> Dans la Bastille de Paris
> Où s'altèrent, hélas ! les corps et les esprits,
> Il sent que sa mémoire et s'épuise et se borne
> . . . .
> Il n'eut, pour adoucir son repos ennuyeux
> Dans son triste réduit, aucune autre lecture
> Que son seul livre à prier Dieu ;
> Il eut ainsi le temps, dans cet horrible lieu,
> De dire au moins six fois, et par jour, les sept psaumes.

Cependant, comme, grâce à ses innocents travaux poétiques, le prisonnier devenait plus sage, il reconnaît avoir reçu *du papier gris*, des plumes et de l'encre. Pendant les trois dernières années de sa détention, Monicart en usa largement, et y trouva une heureuse distraction. Le 6 mai 1714, il écrivait de sa cellule :

Je demande par grâce à M. Camuset de faire détacher (de la liasse de ses papiers) ceux qui regardent la description en vers du château de Versailles dont j'ai besoin pour achever cet ouvrage. Il m'obligera infiniment. Nous avons ici la nourriture du corps au-delà de la suffisance, mais celle de l'esprit est nécessaire, et personne après Dieu ne nous la peut fournir que nous-même, et notre bonne inclination au travail d'amusement honnête dans notre état présent.

Il arriva, dit-il dans son manuscrit,

A la production vaste autant qu'épineuse
De *cent vingt mille vers* qu'il est prêt de finir
. . . .
Et sa mémoire seule a fourni dans ces lieux,
Tous les sujets compris dans ses vers copieux
...pendant les trois ans derniers
Qu'il fut un des prisonniers,
Au lieu de se former dans l'esprit des fantômes
Qui rendent tous les sens troublés irréguliers,
Il conçut ces vers-ci qui feront *douze tomes* .
Et pour lui fort heureusement
Ce fut un doux amusement.

Et il ajoute en renvoi aux douze tomes :

De dix mille vers chacun faits en trois années, sans livre et de sa seule mémoire.

VI

Quatre années s'étaient écoulées depuis le 11 septembre 1710, jour de l'entrée de Monicart à la Bastille.

Le 7 mars 1714, la paix avait été signée entre la France et l'Autriche ; ç'avait été le terme fixé par d'Argenson et Voysin pour la fin de sa détention. En recevant l'état des prisonniers détenus à la Bastille, le lieutenant de police s'en souvint et adressa au Chancelier le rapport suivant :

Jean Monicart, âgé de 57 ans, originaire de Paris, entré par ordre du roi le 11 septembre 1710.

L'interrogatoire de ce prisonnier, que j'ai eu l'honneur d'envoyer à M. le Chancelier le 13 octobre 1710, a fait connaître les correspondances de ce prisonnier avec les ennemis du roi... Il a voulu s'en excuser par la fidélité intérieure de ses intentions que lui seul connaît, mais il n'a pu disconvenir que, malgré les défenses que lui avait faites M. de Chamillart, il n'ait continué de pratiquer des intelligences et des intrigues. Aussi M. le Chancelier m'a écrit le 22 octobre que ce prisonnier devait être oublié à la Bastille jusqu'à la paix.

Il avait en 1712 des fantaisies qui occupaient son esprit et faisaient craindre que sa tête ne devint bientôt dérangée. L'année dernière, il était beaucoup plus tranquille, mais je crus qu'il était très à propos que sa sortie fût différée jusqu'à la paix générale.

Sa santé continue d'être bonne et son esprit est fort tranquille. Ainsi rien n'empêche qu'il soit rendu libre, la paix générale étant conclue.

D'Argenson.

Cette fois encore, comme en 1710, l'avis de d'Argenson fut suivi, et, le 16 novembre 1714, l'ordre de mise en liberté fut signé par le roi.

Sorti de la Bastille, que devint Monicart? Renoua-t-il ses anciennes relations avec la marquise de Crussol, ou avec Du Ry de Champdoré et Scheffart de Mérode? Chercha-t-il à reprendre ses mystérieuses négociations et ses voyages à l'étranger? — Aucun document ne nous renseigne à cet égard. Il est à supposer qu'assagi par l'expérience et approchant d'ailleurs de la soixantaine, il ne se risqua plus en de nouvelles aventures. Il paraît s'être occupé d'affaires de banque, et y aurait gagné, d'après une tradition de sa famille, une belle fortune.

En tout cas, de 1715 à 1718, il résolut de publier son grand ouvrage sur Versailles. Il le fit traduire en prose latine afin de le répandre plus facilement à l'étranger. Puis il s'adressa à l'excellent graveur Simon Thomassin qui avait fait, dès 1694, un *Recueil de statues, groupes, etc., du château et parc de Versailles*, et il lui en acheta les planches pour l'illustration de son livre. Il ne se contenta pas de ces gravures déjà connues, et en commanda près de trois cents nouvelles, tant à Thomassin qu'à Aveline, Duflos et autres, si bien que cinq cents planches furent destinées à cette publication qu'il divisa en neuf tomes au lieu de douze annoncés d'abord, sous le titre pompeux que l'on connaît : *Versailles immortalisé*, etc.

Enfin il traita avec Estienne Ganeau, marchand libraire, rue Saint-Jacques *Aux Armes de Dombes*, et, en 1718, il obtint son Privilège du Roi.

Monicart multiplia les circulaires imprimées et manuscrites dans toutes les villes de France, de Hollande, d'Allemagne et d'Italie pour solliciter des souscriptions dont il fixait le prix à 45 livres pour les neuf tomes qui devaient paraître dans le cours de l'année 1719. Il invitait les amateurs à venir le voir à sa *Banque générale* où ils pourraient examiner son manuscrit. Il affirmait que les plus grands seigneurs de la cour lui avaient déjà envoyé leurs souscriptions.

En décembre 1718, les deux premiers volumes, dédiés au jeune roi Louis XV et à Mgr. le duc d'Orléans régent, furent annoncés pour le mois de janvier 1719. Cependant on sait qu'ils n'ont paru qu'avec la date de 1720, et que la publication n'a pas été plus loin, soit que le succès n'ait pas répondu aux espérances de l'éditeur, soit que l'auteur lui-même ait disparu de ce monde à ce moment.

Les sept volumes non publiés restèrent donc à l'état de manuscrits entre les mains de la fille unique de Monicart qui fit, dit-on, un brillant mariage, et les a transmis à ses descendants.

Quelle peut-être la valeur de cet énorme travail accompli dans les conditions bizarres que nous avons relatées ? — Comme on a pu en juger, la poésie de Monicart est généralement pitoyable, et cet énorme bagage de cent vingt mille vers donne tout d'abord l'impression d'un fatras indigeste. Mais, au milieu des longs récits mythologiques qui y tiennent la plus grande place, ne se trouve-t-il pas quelque renseignement utile pour l'histoire de Versailles ? — Si l'on ne consulte que les deux premiers volumes, l'œuvre de Monicart ne semble qu'une amplification versifiée de l'ouvrage bien connu de Piganiol de la Force. Il saute aux yeux que l'auteur, avant de livrer à l'impression cette première partie relative au Château lui-même extérieurement et intérieurement, a dû la compléter, la rectifier, la refaire presque entièrement, non plus de mémoire, mais en s'aidant des livres déjà publiés avant lui. On y remarque en effet une précision et une exactitude dans l'énumération des nombreuses statues placées sur la façade, avec leurs dimensions et les détails des ornements des piédestaux, qui ne se comprendraient pas dans une description écrite de souvenir, et qui rappellent au contraire singulièrement le livre de Piganiol. Cette première partie est donc à peu près sans valeur documentaire.

Les sept volumes restés manuscrits, consacrés à la description des jardins et bosquets, ainsi que de l'Orangerie, de Trianon, de la Ménagerie et de Marly, paraissent avoir été moins retouchés. A plusieurs reprises, Monicart s'y excuse de ne pouvoir compléter son récit à cause de son état de captivité et de l'insuffisance de sa mémoire. Ainsi, pour la Ménagerie, il renonce, pour ce motif, à en décrire les appartements, alors que cela lui eût été facile s'il avait eu à sa disposition le livre de Piganiol. Il faut donc reconnaître qu'il raconte ici ce qu'il a vu lui-même lors de ses nombreux séjours à Versailles. Or, en ce temps-là, les changements étaient fréquents dans les jardins suivant la fantaisie du roi, et Monicart nous fournit certaines indications qui ne se retrouvent pas ailleurs.

Ainsi, par exemple, il y eut un bosquet, disparu aujourd'hui depuis bien longtemps, occupant l'emplacement des *Bains d'Apollon* créés sous Louis XVI, et nommé *Bosquet du Dauphin* bien qu'il n'y existât aucun dauphin. Une tradition assez répandue attribua cette appellation à ce qu'il avait été inauguré au moment de la naissance du fils de Louis XIV. M. de Nolhac, dans son précieux et savant ouvrage sur *La Création de Versailles*, a montré que c'était là une erreur, en s'appuyant notamment sur l'autorité de Blondel et de Dargenville. Monicart résout la question en expliquant, lui aussi, que ce bosquet avait reçu et gardé ce nom parce qu'il s'y trouvait à l'origine un dauphin placé au centre du bassin. Il ajoute un détail, non signalé, croyons-nous, par les autres guides versaillais, c'est que, de son temps, deux faunes en marbre, *au grotesque minois*, se miraient en riant dans l'eau de cette fontaine.

De même, pour le bosquet de *la Girandole* disparu aussi et peu connu, Monicart nous donne une description détaillée de chacune des statues qui le décoraient.

De même encore, il fait connaître plusieurs groupes importants qui ornaient autrefois le jardin de l'Orangerie et qui en ont été enlevés postérieurement.

Enfin, à propos de la Ménagerie et de Trianon, Monicart nous révèle, en passant, quelques particularités intéressantes. On sait, par exemple, que la jeune duchesse de Bourgogne aimait à se délasser de l'étiquette de la cour, à la Ménagerie qu'elle regardait comme son domaine, où elle folâtrait avec des compagnes de son âge, et l'on raconte qu'elle s'amusait à y confectionner des gâteaux, et à monter à âne [1]. Mais Monicart nous apprend qu'un peu plus tard, elle prit plaisir à y jouer à la fermière, comme le fit Marie-Antoinette à Trianon. On la voit, dit-il, comme une villageoise, s'empresser à compter les troupeaux revenant de la pâture, les faire rentrer à l'étable, et même traire les vaches.

1. *Journal de Dangeau.* — Cte d'Haussonville, *La duchesse de Bourgogne*, t. II, p. 122.

> Sans se rebuter du travail,
> Elle entre, cher passant, jusqu'au moindre détail
> De celui de la laiterie,
> Dont les apprêts friands propres et gracieux
> Faits du lait de l'étable ou de la bergerie,
> Et de sa main ou sous ses yeux,
> Au Roy, comme à sa cour, semblent délicieux.

L'aimable princesse offrant au vieux roi, dont elle est l'enfant gâtée, du lait qu'elle vient de traire, la Cour accompagnant le roi dans ses visites à la Ménagerie, ce sont là des détails peu connus qu'on est heureux de recueillir.

On découvrirait encore facilement d'autres passages du manuscrit de Monicart qui prouvent qu'on y peut trouver certains renseignements précieux.

Jean-Baptiste de Monicart, après une existence singulièrement aventureuse, après des entreprises extravagantes et fortement suspectes, a donc eu le bonheur de rencontrer à la Bastille une sage et heureuse inspiration. Il a fait une œuvre qui n'a pas eu seulement l'avantage de lui procurer une douce distraction, mais qui reste en même temps un document utile à consulter.

A côté du mérite sinon littéraire, du moins documentaire des travaux de Monicart, il nous semble pouvoir dire en terminant cette étude, que le roman de sa vie n'est pas sans intérêt pour nous initier aux dessous de l'administration de la guerre au temps de Louis XIV. On y voit l'espionnage militaire largement pratiqué, les stratagèmes et la trahison encouragés, les relations mystérieuses favorisées, puis le remède commode de l'internement et de l'oubli à la Bastille sans aucuns débats judiciaires ! D'autre part, on y rencontre une preuve curieuse et intime de la faiblesse de ce malheureux Chamillart, dont la faveur de Mme de Maintenon avait fait le successeur de Louvois au moment critique de la vieillesse du Grand Roi et des revers de la France.